Lõuna köök

Klassikalised ja kaasaegsed lõunamaised retseptid, mis rahuldavad teie isu ja rõõmustavad teie maitsemeeli

Sergei Ivanov

SISUKORD

4

SISSEJUHATUS

Tere tulemast Lõuna Mugavus, kokaraamatusse, mis tähistab Ameerika lõunaosa rikkalikke ja mitmekesiseid kulinaarseid traditsioone. Siit leiate üle 100 retsepti, mis tutvustavad lõunamaise köögi parimaid roogasid, alates rikkalikust hommikusöögist kuni maitsvate õhtusöökideni ja kõike, mis sinna vahele jääb. See kokaraamat, mis põhineb nii klassikalistel kui ka kaasaegsetel tehnikatel, on ideaalne juhend kõigile, kes soovivad oma köögis lõunamaa maitseid taasluua.

Alates krõbedast praekanast kuni soolase gumboni – meie retseptid tõstavad esile piirkonna armastatuimad toidud. Pakume ka vähemtuntud lõunamaa hõrgutisi, millest saavad kindlasti uued lemmikud, nagu kreemjas pimentojuust ja vürtsikas Brunswicki hautis. Ja loomulikult poleks ükski lõunamaa kokaraamat täielik ilma magustoitude jaotiseta, sealhulgas klassikaliste toodeteta, nagu virsiku- ja pekanipähklipirukas.

Kuid Lõuna Mugavus ei ole ainult retseptide kogu. See on ka lõunamaise kultuuri, ajaloo ja külalislahkuse tähistamine. Iga retseptiga käib kaasas mõni jutt või mälestus, mis tabab lõunamaist hõngu alates laiskadest suvistest õhtupoolikutest verandal ja lõpetades perekondlike koosviibimistega õhtusöögilaua taga. Loodame, et need lood viivad teid lõunamaa südamesse ja inspireerivad teid köögis oma mälestusi looma.

Nii et olenemata sellest, kas olete sündinud ja kasvanud lõunamaalane või lihtsalt hea toidu fänn, kutsume teid meiega ühinema kulinaarsele teekonnale läbi lõunamaa. Kui teejuhiks on Lõuna Mugavus, avastate kindlasti uusi maitseid, uusi tehnikaid ja tunnete uue hinnangu Ameerika ühe armastatuima köögi vastu.

HOMMIKUSÖÖK

1. Hommikusöögimuna

Valmistab: 5 portsjonit

KOOSTISOSAD:
- 4 muna, hästi pekstud
- ⅛ teelusikatäis soola
- 1 liitrit piima
- ¼ tassi suhkrut
- 1 tl vanilli
- Muskaatpähkel

JUHISED:
a) Kombineeri kõik koostisosad, välja arvatud muskaatpähkel.
b) Sega hästi.
c) Soovi korral jahuta
d) Puista peale muskaatpähkel.

2. Quiche Lorraine

KOOSTISOSAD:

- 1½ tassi (6 untsi) riivitud Šveitsi juustu
- 8 viilu peekonit või sinki, keedetud ja murendatud
- 3 muna
- 1 tass rasket koort
- ½ tassi piima
- ¼ teelusikatäit pipart
- 1 eelnevalt valmistatud külmutatud pirukakoor

JUHISED:

a) Puista juust ja peekon/sink tainaga vooderdatud pirukapõhjale.
b) Klopi ülejäänud ained omavahel ning vala juustu ja singi peale.
c) Küpseta 375 kraadi juures 45 minutit.

3. Krevettide röstsai

Valmistab: 4

KOOSTISOSAD:
- 6 inglise muffinit, röstitud ja poolitatud
- 4½ untsi konserveeritud krevette, nõrutatud
- 2½ supilusikatäit majoneesi
- Küüslaugupulber maitse järgi
- 1 pulk margariini
- 1 purk KRAFT "vana inglise" juustu

JUHISED:
a) Sega kuumal läbi ja määri muffinipoolikutele.
b) Prae kuldseks ja lõika 4 pooleks.
c) Saate seda ette valmistada ja külmutada.

EELROID JA SUUPÄID

4. Braciole (veiseliharullid)

KOOSTISOSAD:

- 1½ veiseliha, lõigatud õhukesteks viiludeks
- 2 keskmist sibulat
- 1 untsi tilgutitest
- 1 unts jahu
- ½ naela peekonit
- Pipar
- 1 tl vett
- 1 spl Worcestershire
- 1 loorberileht

JUHISED:

a) Puista liha pipraga.
b) Laota lihale peekoniriba, keera rulli ja seo kinni.
c) Puista rullid jahuga ja pruunista ühtlaselt.
d) Võta liha pannilt välja ja lisa viilutatud sibul.
e) Prae kergelt pruuniks.
f) Lisa ülejäänud jahu ja porgandid.
g) Tagastage liha.
h) Lisa loorberileht ja Worcestershire
i) Vala peale vesi ja lase keema tõusta.
j) Katke kaas ja hautage pool tundi või kuni liha on pehme.

5. Brändipallid

KOOSTISOSAD:

- 13 ½ untsi pakk Grahami kreekeripuru
- 1 tass 4x suhkrut
- ¼ tassi kakaod
- 8 untsi hakitud kreeka pähkleid
- ¼ tassi maisisiirupit või vedelat pruuni suhkrut
- ⅓ tassi apelsinilikööri
- ⅓ tassi brändit

JUHISED:

a) Segage käsitsi, seejärel näpistage tükid väikesteks pallideks.
b) Asetage anumasse ja jahutage üleöö.

6. Juustukoogibatoonid

KOOSTISOSAD:

KOORIK
- 1¼ tassi grahami puru kreekereid
- ¼ tassi suhkrut

TÄITMINE
- 2 tassi toorjuustu
- 4 supilusikatäit piima"
- 1 tass suhkrut
- 2 muna
- 2 spl sidrunimahla
- 1 tl vanilli

JUHISED:

KOORIK
a) Sega läbi ja suru tugevalt vastu 13 x 9 panni põhja.
b) Reserveeri natuke katteks.
c) Küpseta 8 minutit temperatuuril 350 kraadi F.

TÄITMINE
d) Blenderda koostisained ja määri need küpsetatud kooriku peale.
e) Puista peale ülejäänud puru.
f) Küpseta 20 minutit temperatuuril 350 kraadi F.
g) Jahuta ja külmuta hästi.

7. Hakitud veiseliha kaste

KOOSTISOSAD:
- 1 osa hapukoort
- 1 osa majoneesi
- 1 purk kuivatatud veiseliha
- Tilli seeme
- Hakitud sibul

JUHISED:
a) Kombineerige hapukoor, majonees, kuivatatud veiseliha, tilliseemned ja hakitud sibul.
b) Lõika itaalia leivast või rukkileivast välja päts ja serveeri dipikastmega.

8. Šokolaadijoogi ruudud

Teeb: 30 ruutu

KOOSTISOSAD:
- 1 tass blanšeeritud mandleid
- 2 muna
- ¼ tassi suhkrut
- ⅓ tassi magustamata kakaod
- ½ tassi jahu
- Näputäis soola
- 3 spl rummi või amarettot
- 2-3 spl tuhksuhkrut

JUHISED:
a) Purusta pähklid pulbriks. Vahusta munad heledaks.
b) Lisa suhkur ja klopi paksuks.
c) Lisa jahvatatud mandlid ja liköör ning sega korralikult läbi.
d) Kuumuta ahi 350 kraadini.
e) Määri 7 x 11 ahjupann umbes 1 supilusikatäie võiga ja määri küpsisegu laiali.
f) Küpseta 20-25 minutit. Lase umbes 10 minutit jahtuda ja nirista peale tuhksuhkrut.
g) Lõika umbes 30 ruuduks.

9. Maisipulgad

KOOSTISOSAD:

- 1¼ tassi jahu
- ¾ tassi kollast maisipiima
- ¼ tassi suhkrut
- 3 tl küpsetuspulbrit
- 1 tl soola
- 1 tass piima
- 1 muna
- 3 supilusikatäit võid

JUHISED:

a) Kuumuta ahi 425 kraadini. Määri maisipulgapann.
b) Sõelu omavahel kuivained. Sega juurde piim, munad ja sulavõi ning klopi ühtlaseks.
c) Kuumuta panni 2 minutit. Täida pannid.

10. Pelmeenid

KOOSTISOSAD:

- 2 tassi jahu
- 2½ teelusikatäit küpsetuspulbrit
- ¾ teelusikatäit soola
- 1⅓ tassi piima

JUHISED:

a) Sõelu jahu, küpsetuspulber ja sool kaussi.
b) Vala juurde piim ja sega kahvliga, kuni kuivained on niisutatud.
c) Tõsta pelmeenid, kuhjades supilusikatäied keevasse vette või kanavedelikku.
d) Katke veekeetja kaanega ja küpseta 12 minutit. Märkus: ei piilu.

11. Sarapuupähkli pallid

Mark: umbes 30

KOOSTISOSAD:
- 1 tass jahu (sõelutud)
- ½ tassi võid
- 1 tass peeneks hakitud - pähklid
- 2 supilusikatäit granuleeritud suhkrut
- ⅛ teelusikatäis soola
- 1 tl vanilli
- Kondiitrite suhkur

JUHISED:
a) Sega suures kausis kõik koostisosad peale kondiitri suhkru. Segage hoolikalt kuni paksenemiseni.
b) Pane tainas 30 minutiks külmkappi.
c) Samal ajal kuumuta ahi temperatuurini 375 °F
d) Lõika tainas 1¼-tollisteks pallideks.
e) Asetage määrimata küpsiseplaadile 1-tollise vahega.
f) Küpseta 15 kuni 20 minutit või kuni see on hangunud, kuid ära küpseta üle.
g) Veereta veel soojas kondiitri suhkrus. Jahuta täielikult.
h) Vahetult enne serveerimist rulli uuesti suhkrusse.

12. Idamaised veiseliha eelroad

KOOSTISOSAD:

- 1 spl maisitärklist
- ½ tassi sojakastet
- ¼ tassi Karo heledat või tumedat maisisiirupit
- 3 supilusikatäit maisiõli
- 2 spl seesamiseemneid
- 2 küüslauguküünt, hakitud
- 1 spl hakitud ingverijuurt või jahvatatud ingverit
- 2 naela veiseliha, lõigatud 1-tollisteks kuubikuteks
- ½ tassi hakitud sibulat

JUHISED:

a) Sega 13x9 ahjuvormis esimesed 7 koostisosa ühtlaseks massiks.
b) Lisa veiseliha ja sibul. Viska, et see kataks hästi. Kata kaanega ja hoia vähemalt 4 tundi üleöö külmkapis.
c) Nõruta veiseliha; varu marinaad.
d) Aseta veiselihakuubikud broilerirestile.
e) Hauta 6 tolli kuumusest, aeg-ajalt keerake ja pintseldage marinaadiga 6–8 minutit, kuni liha on igast küljest pruunistunud.
f) Küpseta umbes 15 minutit, liha sageli keerates.
g) Pange liha veel 5 minutiks broileri alla.

13. Panocha

KOOSTISOSAD:
- 3 tassi pruuni suhkrut
- 1 tass piima
- 2 supilusikatäit võid
- 1 tl vanilli
- 1 tass pähkli-liha

JUHISED:
a) Pane suhkur ja piim kastrulisse ning küpseta pehmepalli faasis 238 kraadi F.
b) Tõsta tulelt, lisa või ja vanill ning jahuta.
c) Kui see on leige, klopi kuni see on kreemjas.
d) Sega hulka purustatud pähkliliha. Hikkori pähklid, kreeka pähklid või pekanipähklid on eriti head.
e) Vala võiga määritud pannile ja kui see taheneb, lõika ruutudeks.

14. Pirni ruudud

KOOSTISOSAD:

- 1 pulk margariini või võid
- ¾ tassi pruuni suhkrut
- 2 muna
- ¾ tassi jahu
- ¾ tassi kaerahelbed
- 1 tl küpsetuspulbrit
- 1 tl kaneeli
- ½ tl söögisoodat
- ½ supilusikatäit muskaatpähklit
- ¾ pähkleid
- ¾ rosinaid
- 1½ hakitud pirnid

JUHISED:

a) Küpseta 350 kraadi F juures 20-25 minutit.
b) Katsekeskus puupulgaga.

15. Popkorni pallid

KOOSTISOSAD:
- 7 liitrit popkorni
- 1 tass melassi
- 1 tass granuleeritud suhkrut
- ⅓ tassi vett
- ½ tl soola
- ½ tl vanilli

JUHISED:
a) Asetage popkorn suurele ahjupannile; hoida soojas 200° ahjus.
b) Segage paksus kastrulis suhkur, melass, vesi ja sool.
c) Küpseta keskmisel kuumusel, kuni kristalliseerunud termomeeter näitab 235° (pehme palli aste).
d) Tõsta tulelt. Lisa vanilje.
e) Valage kohe popkornile ja segage, kuni see on ühtlaselt kaetud.
f) Kui segu on käsitsemiseks piisavalt jahe, vormige see kiiresti 3-tolliseks. pallid, kastes käed külma vette, et vältida kleepumist.

16. Kreeka pähkli Bourbon pallid

KOOSTISOSAD:
- 2½ tassi peeneks purustatud vanilje vahvleid
- 1 tass tuhksuhkrut
- 2 spl kakaod
- 1 tass hakitud peeneid kreeka pähkleid või pähklit ja kookoshelbeid
- ¼ tassi burbooni või rummi
- 3 supilusikatäit maisisiirupit

JUHISED:
a) Sega vahvlid, suhkur, kakao ja pähklid hästi läbi.
b) Lisa siirup ja liköör.
c) Veereta väikesteks pallideks. Veereta suhkrus.
d) Hoida suletud anumas.

17. Suvikõrvitsa pätsikesed

KOOSTISOSAD:

- ⅓ tassi Bisquick
- 2 muna
- ¼ tassi parmesani juustu
- 2 tassi riivitud suvikõrvitsat
- 2 spl margariini

JUHISED:

a) Sega ja prae 2 spl margariini iga pätsi kohta.
b) Prae 3 minutit.

PÕHIROOG

18. Oad

KOOSTISOSAD:

- 1 suur purk sealiha ja ube
- 1 purk kurnatud ube
- 1 purk valgeid võiube, nõrutatud
- 1 väike sibul, tükeldatud
- ¼ tassi melassi
- ¾ tassi ketšupit
- 1 tl sinepit
- ½ tassi pruuni suhkrut

JUHISED:

a) Pruun 1-naelane hamburger ja 1-kilone kuum vorst.
b) Lisa kõik ülejäänud koostisosad ja sega korralikult läbi.
c) Küpseta pool tundi kuni 45 minutit temperatuuril 375 kraadi F.

19. Provencale baklažaan ja riis

KOOSTISOSAD:
- 1 suur baklažaan, umbes 2 naela
- 4 supilusikatäit oliiviõli
- 3 tassi hakitud sibulat
- 1 roheline paprika, puhastatud südamikust ja seemnetest, lõigatud 1-tollisteks kuubikuteks
- 2 hakitud küüslauguküünt
- 1 tl värsket hakitud tüümiani või ½ tl kuivatatud tüümiani
- 1 loorberileht
- 3 tomatit, kooritud, puhastatud südamikust ja tükeldatud
- 1 tass toorest riisi
- 3¾ tassi kanapuljongit
- Sool ja must pipar
- ½ tassi riivitud parmesani juustu
- 2 spl võid

JUHISED:
a) Kuumuta ahi 400 kraadini. Lõika baklažaanide otsad ära ja lõigake need 1-tollisteks kuubikuteks.
b) Kuumuta suurel pannil õli ja lisa baklažaanikuubikud. Küpseta kõrgel kuumusel, aeg-ajalt panni raputades.
c) Lisa segades sibul, roheline pipar, küüslauk, tüümian ja loorberileht.
d) Sega hulka tomatid ja alanda kuumust,
e) Hauta 5 minutit või kuni suurem osa pannil olevast vedelikust on aurustunud.
f) Märkus: koostisosi tuleb hautada, kuni need on parajalt paksenenud.
g) Sega hulka riis ja kanapuljong.
h) Maitsesta soola ja pipraga.
i) Tõsta segu lusikaga ahjuvormi ja puista peale juust,
j) Määri võiga ja küpseta ilma kaaneta 30 minutit.

20. Baklažaan Parmesan

KOOSTISOSAD:

- 28 untsi Marinara kastet
- 2 suurt baklažaani, lõigatud ¼ tolli paksusteks ringideks
- 1¼ tassi riivitud Parmesani juustu, jagatud
- 2 suurt palli värsket mozzarellat õhukesteks viiludeks

JUHISED:

a) Prae esmalt baklažaan.
b) Määri küpsetusnõusse ½ tassi marinarat, kihiti pool baklažaani ning peale 1 tass marinarat ja pool mozzarellat.
c) Korrake ülejäänud baklažaani, ülejäänud marinara ja ülejäänud mozzarellaga. Puista peale ülejäänud ¼ tassi Parmesani juustu.
d) Küpseta pool tundi temperatuuril 350 kraadi F.

21. Külgede praad

KOOSTISOSAD:

- 1 küljepraad, 1,5–2 naela
- ½ tassi sojakastet
- ½ tassi õli
- ¼ tassi kuiva šerrit
- 2 keskmist küüslauguküünt, purustatud või hakitud
- 2 spl riivitud värsket ingverijuurt või 2 tl jahvatatud ingverit
- 1 supilusikatäis riivitud apelsinikoort

JUHISED:

a) Marineeri praad sojakastmes, õlis, kuivas šerris, küüslauguküünes, ingveris ja riivitud apelsinikoores.
b) Hauta 1½ või 2 tolli kuumusest 3–4 minutit.
c) Pöörake, pintseldage marinaadiga ja hautage 3-4 minutit kauem.
d) Lõika ristipidi viiludeks.

22. Itaalia vasikaliha ja paprika

KOOSTISOSAD:

- 1 nael vasikaliha hautamine
- 3 suurt rohelist paprikat, viilutatud või tükeldatud (võite kasutada rohkem)
- 2 suurt sibulat, viilutatud või hakitud
- 1 #2 purki tomateid
- Sool ja pipar
- Petersell
- 1 loorberileht

JUHISED:

a) Lõika vasikaliha väikesteks tükkideks.
b) Kuumuta pannil õli (niipalju, et kataks põhi ja et liha ei kleepuks).
c) Lisa liha ja pruunista hästi.
d) Lisa sibul ja küpseta paar minutit, kuni see on pehme.
e) Vala sisse tomatid. Lisa maitseained ja keeda aeglaselt vähemalt 1 tund.
f) Märkus: Paprika võib praadida eraldi ja lisada viimased 10-20 minutit tomatisegule.

23. Linguine juustukastmega

KOOSTISOSAD:

- ½ tassi tavalist madala rasvasisaldusega jogurtit
- 1 toores muna
- ⅓ tassi 99% rasvavaba kodujuustu
- Soola või võimaitseline sool
- Pipar
- ½ tl pune või pitsamaitseaineid
- 3 untsi Šveitsi juustu, jämedalt hakitud
- ⅓ tassi värsket hakitud peterselli

JUHISED:

a) Kuuma linguine'i kohal segage kiiresti jogurt, seejärel muna paksendamiseks.
b) Seejärel segage ülejäänud koostisosad.
c) Pane pott väga madalale tulele, kuni juust on sulanud.

24. Manicotti

Valmistab: umbes 20 rullimist

KOOSTISOSAD:
MANICOTTILE:

- 6 muna
- 2 tassi jahu
- 1½ tassi vett
- Sool ja pipar maitse järgi

RICOTTA JUUSTU TÄIDIS:

- 2 naela juustu (võib olla potijuust)
- 2 muna
- Sool ja pipar
- Petersellihelbed
- Riivitud parmesani juust

JUHISED:

a) Klopi kokku munad, jahu, vesi, sool ja pipar maitse järgi.
b) Tee nagu õhukesed pannkoogid, väga kiiresti, grillil või pannil (kasutan praadimiseks oliiviõli).
c) Täida ricotta juustu seguga. Üles kerima. Kata kastmega.
d) Küpseta 350 kraadi F juures pool tundi.
e) Enne serveerimist lase 10 minutit taheneda.

RICOTTA JUUSTU TÄIDIS:

f) Sega lusikaga ühtlaseks ja sega korralikult läbi (mina kasutan pool sellest).

25. Sibula pajaroog

KOOSTISOSAD:

- 4 tassi sibulat
- 4 spl Võid
- 2 muna
- 1 ½ tassi piima
- ½ teelusikatäit soola
- ½ tl Worcestershire'i
- Tabasco raputus
- Riivjuust

JUHISED:

a) Küpseta sibulaid vaid paar minutit, kuid ära pruunista.
b) Lisa lahtiklopitud munadele piim ja maitseained.
c) Puista üle juustuga ja küpseta 325 kraadi juures, kuni hõbedane nuga tuleb puhtana.

26. Idamaine sealiha

KOOSTISOSAD:
- 3 supilusikatäit sojakastet
- 1 tl kumbagi ingverit ja suhkrut
- ½ naela sealiha, lõigatud väikesteks tükkideks
- 2 suurt sibulat peeneks hakitud
- 3 spl õli
- 4 tassi kapsast

JUHISED:
a) Sega kokku sojakaste, ingver ja suhkur; kõrvale panema.
b) Prae sealiha ja sibulat õlis, kuni sealiha pole enam roosa ja sibul on pehme umbes 10 minutit.
c) Sega juurde kapsa ja sojakastme segu.
d) Küpseta umbes 10–12 minutit. Serveeri riisi peale.

27. Picadillo Kuuba stiilis hamburgerid

KOOSTISOSAD:

- 1 roheline sibul, hakitud
- 1 spl õli
- 1 nael hamburger
- 1 purk (8 untsi) tomatikastet
- ¼ tassi viilutatud täidetud rohelist paprikat
- 2 spl kapparit
- Kuum riis

JUHISED:

a) Prae pannil oliiviõlis rohelisi paprikaid pehmeks.
b) Lisa liha segu, sega kuni lagunemiseni.
c) Sega juurde tomatikaste. Katke ja küpseta 20 minutit.
d) Lisa oliivid ja kapparid; hauta 5 minutit.
e) Serveeri riisi peale.
f) Lihale enne küpsetamist lisatavad vürtsid, sibul, hakitud, küüslauguküüs, sool ja pipar.

28. Maitsev praad

KOOSTISOSAD:

- Praad
- 2 küüslauguküünt
- 1 spl oliiviõli
- 1½ tl Sojakastet
- ½ tl sinepit
- soola
- Pipar

JUHISED:

a) Sega koostisained ja tambi steiki.
b) Laske steikil kastmes umbes 2 tundi seista.
c) Keeda või küpseta pliidi peal.
d) Võib kasutada hirvedel.

29. Sherry krevetid

KOOSTISOSAD:

- ½ pulga võid
- 5 küüslauguküünt, purustatud
- 1-1½ naela krevette; kestad ja moonutatud
- ¼ tassi värsket sidrunimahla
- ¼ teelusikatäit pipart
- 1 tass keedušerrit
- 2 spl hakitud peterselli
- 2 spl hakitud murulauku
- Soola maitse järgi

JUHISED:

a) Sulata või pannil keskmisel kuumusel. Lisa küüslauk, krevetid, sidrunimahl ja pipar.
b) Küpseta segades, kuni krevetid muutuvad roosaks (umbes minutit).
c) Lisa keedušerri, petersell ja murulauk. Lase lihtsalt keema.
d) Serveeri kohe keedetud riisi peal.
e) Kaunista sidruniga.

30. Baklažaanipersilladega loksutatud spagetid

Valmistab: 6 portsjonit

KOOSTISOSAD:
SQUASHI KOHTA:
- Spagetid squash
- õli
- 2 või 3 küüslauguküünt
- soola ja pipart maitse järgi
- parmesani juust

BAKLAŽAANI PERSILLAAD:
- Baklažaan, viilutatud
- ½ supilusikatäit soola
- ⅛ tolline oliiviõli
- küüslauk

JUHISED:
SQUASHI KOHTA:
a) Aurutage ja tükeldage spagettikõrvits nagu tavaliselt.
b) Kuumuta suurel pannil mitu supilusikatäit õli ja keeruta sisse 2 või 3 küüslauguküünt, küpseta neid õrnalt minut või paar.
c) Seejärel viska sisse spagetikõrvits ja sega küüslauguga kokku, lisa maitse järgi soola ja pipart, lisa veel õli [või võid] ja küpseta meelepärasel määral.
d) Seejärel raputa peale lusikatäis parmesani juustu, tõsta kuumale vaagnale ja kaunista baklažaaniga, kuid ära viska neid kokku.

BAKLAŽAANI PERSILLAAD:
a) Lõika ära roheline kork ja eemalda nahk köögiviljakoorijaga. Lõika ½-tollisteks viiludeks, lõika viilud ½-tollisteks ribadeks ja ribad ½-tollisteks kuubikuteks. Viska kurn ½ supilusikatäie soolaga ja lase vähemalt 20 minutit nõrguda. Seejärel kuivatage rätikuga.
b) Täitke suur praepann [eelistatavalt mittenakkuv] ⅛-tollise oliiviga ja prae baklažaani mõõdukalt kõrgel kuumusel 4–5 minutit, sageli viskides, kuni see muutub õrnaks, maitstes tükki.
c) Lisa küüslauk ja lase minut aega küpsema, seejärel raputa peterselliga alles viimasel hetkel.
d) See on iseenesest hea, nii kuumalt kui külmalt.
e) Soovijatele andke rohkem juustu.

31. Hispaania praad

KOOSTISOSAD:

- ½ tassi hakitud sibulat
- 2 naela tükeldatud veiseliha
- 1 roheline pipar
- 1 sibul
- 4 viilu peekonit keedetud hakitud ja krõbedaks
- 1 muna
- 1 spl soola, paprikat, pipart ja tabascot
- 1 purk tomativiilud, nõrutatud
- 12 täidetud oliivi, viilutatud
- ½ tassi riivjuustu

JUHISED:

a) Sega hästi liha, sibul, peekon, muna ja maitseained.
b) Vormi määritud fooliumiga vooderdatud vormile.
c) Vala peale ülejäänud koostisosad.
d) Küpseta 400 kraadi juures 35–40 minutit

32. Suvikõrvitsa pajaroog

KOOSTISOSAD:

- ½ tassi võid
- 1 tass kuiva kastet
- Squash
- ¼ tassi sibulat ja riivitud porgandit
- 1 tass hapukoort
- 1 purk squash
- Kana puljong.
- ½ tassi piima

JUHISED:

a) Sulata ½ tassi võid.
b) Lisage 1 tass kuiva kastet ja segage
c) Seejärel lõigake kõrvits ¼ tolli paksusteks viiludeks ja lisage.
d) Sega ¼ tassi sibulat ja riivitud porgand. Keeda koos umbes 5 minutit.
e) Lisage 1 tass hapukoort, 1 suvikõrvits ja kanapuljong.
f) Lisa ½ tassi piima
g) Määri 9x9 suvikõrvitsa ahjuvormi põhja ½ kastmesegu, seejärel squash ja sibul.
h) Vala kooresegu.
i) Tõsta peale ülejäänud kastmesegu.
j) Küpseta 30 minutit 350 °Fjuures.

33. Täidetud tammetõrukõrvits

KOOSTISOSAD:

- 1 tammetõru squash
- 1 tl hakitud sibulat
- 1 tl peeneks hakitud rohelist pipart
- 2 spl võid
- ½ tassi riivjuustu
- 1 tass pehmet leivapuru
- sool ja pipar

JUHISED:

a) Küpseta suvikõrvitsat kuumas ahjus (400 kraadi F) umbes 35 minutit, kuni see on pehme.
b) Lõika pikuti pooleks, visake seemned ära ja eemaldage keskosa, jättes kestad umbes ¼ tolli paksuseks.
c) Püreesta viljaliha ja lisa ülejäänud koostisosad.
d) Kuhjake kõrvitsakoored ja asetage mõõdukalt kuuma ahju (350 kraadi F), kuni need pruunistuvad.

34. Täidetud suvikõrvits

KOOSTISOSAD:
- Suvikõrvits, umbes 1 nael
- 2 spl õli
- 1 küüslauguküüs, hakitud
- 1 keskmine sibul, hakitud
- 1 jämedalt hakitud, keedetud, nõrutatud oad
- 1½ tassi keedetud riisi
- ¼ tassi hakitud peterselli
- 2 muna
- ⅓ tassi piima
- Sool ja pipar maitse järgi
- 2 spl seesamiseemneid
- 2 spl riivjuustu
- Kuum puljong

JUHISED:
a) Lõika suvikõrvits pikuti pooleks; tselluloosi varude kest välja kühveldada.
b) Kuumuta õli ja lisa hakitud viljaliha, küüslauk ja sibul. Küpseta pehmeks.
c) Eemaldage kuumusest; segades ube, riisi ja ürte.
d) Klopi lahti munad; voldi need suvikõrvitsa segusse, kuni vedelik on imendunud.
e) Lisa soola ja pipart.
f) Täida suvikõrvitsakoored seguga.
g) Kombineeri seesamiseemned ja juust; puista peale.
h) Vala ½ kuuma puljongit ahjuvormi.
i) Küpseta kaaneta 350 kraadi F juures, kuni kestad on pehmed, umbes 30 minutit.

35. Maguskartuli pajaroog

KOOSTISOSAD:

- 1 tass suhkrut
- 1⅓ tassi piima
- 1 tass sulatatud margariini
- 4 lahtiklopitud muna
- ½ tl soola, kaneeli, muskaatpähklit
- 3 kuni 4 suurt maguskartulit, kooritud ja viilutatud
- ¼ tassi brändit
- Rosinad
- Tükeldatud pekanipähklid
- Vahukommid

JUHISED:

a) Lase rosinatel väikeses kausis 20 minutit brändis leotada.
b) Määri madal ahjuvorm võiga ja lao peale bataadiviilud.
c) Sega kastrulis suhkur, sool, kaneel, muskaatpähkel, piim ja margariin ning kuumuta keemiseni.
d) Lisa munad, rosinad ja brändi ning vala segu bataadile.
e) Pange 30 minutiks 300 kraadi F juures rasvainega määritud vormi.
f) Tõsta peale vahukommid ja hakitud pekanipähklid ning pruunista paar minutit.

36. Šveitsi praad

KOOSTISOSAD:
- 1 keskmine sibul, viilutatud
- 3 supilusikatäit hakitud rohelist pipart
- 2–2,5 naela veiseliha, ülemine ümmargune või alumine praad, lõigatud ½-tollisteks kuubikuteks
- 3 spl rasva/toiduõli
- 1 purk tomatikastet
- 1 tass vett
- 1½ tl soola
- 1 spl Worcestershire'i kastet
- ¼ teelusikatäit pipart
- ½ tassi jahu
- 1 loorberileht

JUHISED:
a) Määri praad jahuga ja raputa üleliigne maha.
b) Kuumutage õli keskmisel kõrgel kuumusel; seejärel prae praad mõlemalt poolt kuldpruuniks – 6–7 minutit mõlemalt poolt. Eemaldage veiseliha pannilt ja asetage see taldrikule.
c) Lisage pannile sibul ja paprika, seejärel hautage 2-3 minutit. Seejärel lisage soola, pipra ja loorberileht ning jätkake küpsetamist veel 3–5 minutit, aeg-ajalt segades, et see ei põleks.
d) Järgmisena lisage tomatipüree, Worcestershire'i kaste, veiseliha ja 1-2 tassi vett.
e) Kata kaanega ja hauta umbes 1½ tundi või kuni see on pehme.

37. Vasikaliha Piccata

KOOSTISOSAD:

- 1½ naela Vasikaliha purustatud ja viiludeks lõigatud
- 1 tl soola
- ⅓ tassi puljongit
- 6 õhukest sidruniviilu
- 1 tl kuivatatud estragoni
- 2 spl hakitud peterselli
- ½ tassi universaalset jahu
- 2 spl oliiviõli pluss vajadusel veel

JUHISED:

a) Puista vasikaliha soolaga ja raputa üleliigne maha jahu.
b) Kuumuta pannil keskmisel-kõrgel kuumusel õli.
c) Partiidena töötades lisage pannile vasikalihakotletid ja küpseta kuldpruuniks, umbes 3 minutit.
d) Lisa puljong, sidruniviilud ja estragon.
e) Katke ja küpseta 2 või 3 minutit.
f) Serveerimiseks tõsta lusikaga kaste kuumale vasikalihale ja puista peale petersell.

38. Hirveliha pajaroog

KOOSTISOSAD:

- 2-kilone seljatükk
- 2 spl oliiviõli
- 2 spl šerri veini
- 2 spl võid
- 1½ portsjonit puljongit
- 2 tl soola
- 1 spl sibulamahla
- 1 tl musta pipart
- Dash Cayenne
- 1 näputäis hakitud peterselli

JUHISED:

a) Pruunista võis ja lisa puljong. Sega umbes 2 spl jahu mõnes puljongis ja lisa; sibul ja maitseained.
b) Pange kokku ja laske umbes tund aega podiseda.
c) Vahetult enne serveerimist lisa võid ja maitse järgi šerrit.
d) Võib lisada seeni.

39. Hirveliha Jerky

KOOSTISOSAD:

- 3 naela. Hirveliha ribad, lõigatud ¼ tolli või õhemateks viiludeks
- 1 spl soola
- 1 tl sibulapulbrit
- 1 tl küüslaugupulbrit
- 1 tl musta pipart
- ⅓ tassi Worcestershire'i kastet
- ¼ tassi sojakastet või teriyaki kastet (natuke rohkem kastet ei tee haiget)

JUHISED:

a) Marineerige hirveliharibasid kaetud klaasnõus 1 või 2 päeva külmkapis, aeg-ajalt keerates.

b) Kuivatage ribasid keskmisel kuumusel, näiteks puupliidil umbes 24-48 tundi või ahjus madalal temperatuuril.

40. Hirveliha vorst

KOOSTISOSAD:
- 8-kilone hirveliha
- 8 naela sealiha
- 4 tl apteegitilli seemet
- 1 tl soola
- 2 tl musta pipart
- 1 tl sibulapulbrit
- 1 tl küüslaugupulbrit
- 1 tl punast pipart (ainult kuuma vorsti jaoks)

JUHISED:

a) Kombineerige sealiha, ulukiliha, apteegitilli seemned, sool, must pipar, sibulapulber, küüslaugupulber ja punane pipar suures kausis ning segage hästi. Vormi pätsikesed, palgid või täida vorstikestad.

b) Kuumuta suurel pannil õli keskmisel-kõrgel kuumusel.

c) Külmutage või küpsetage vorsti kuni pruunistumise ja läbiküpsemiseni.

d) Retsepti saab pooleks lõigata.

41. Talikõrvits

KOOSTISOSAD:
- sibulad
- Estragon
- must pipar
- soola
- squash
- hakitud õunad
- purustatud ananass
- pruun suhkur
- Või
- hakitud pekanipähklid
- apelsinikoor

JUHISED:
a) Prae sibul estragoni, musta pipra ja soolaga.
b) Keeda kõrvits ja purusta see.
c) Lisa tükeldatud õunad.
d) Laota kiht purustatud ananassi, pruuni suhkru, või, hakitud pekanipähklite ja apelsinikoorega.
e) Kaunista pealt hakitud pekanipähklite, pruuni suhkru ja võiga.
f) Küpseta 350 kraadi juures 45 minutit-1 tund.

42. Praetud kana

Koostis:

1 terve kana, lõigatud 8 tükiks
2 tassi petipiima
2 tassi universaalset jahu
2 tl soola
2 tl musta pipart
1 tl küüslaugupulbrit
1 tl sibulapulbrit
1/2 tl paprikat
Taimeõli, praadimiseks
Juhised:

Leota kanatükke suures kausis petipiimas vähemalt 1 tund või üleöö külmkapis.

Sega madalas tassis jahu, sool, must pipar, küüslaugupulber, sibulapulber ja paprika.

Eemalda kanatükid petipiimast ja raputa üleliigne maha.

Kastke iga kanatükk jahusegusse, raputades maha kõik ülejäägid.

Kuumutage suurel pannil keskmiselt kõrgel kuumusel umbes 1 tolli taimeõli.

Prae kanatükke portsjonitena kuldpruuniks ja läbiküpseks, umbes 12–15 minutit rindade ja 15–18 minutit reite, kintsude ja tiibade puhul. Nõruta need paberrätikutel.

43. Krevetid ja tangud

Koostis:

1 tass kivist jahvatatud kruupe
4 tassi vett
1/2 tl soola
1/2 tassi hakitud Cheddari juustu
1/4 tassi rasket koort
1 nael suured krevetid, kooritud ja tükeldatud
4 viilu peekonit, tükeldatud
1 roheline paprika, tükeldatud
1 väike sibul, tükeldatud
2 küüslauguküünt, hakitud
1/2 tassi kanapuljongit
2 spl võid
Sool ja must pipar, maitse järgi
Hakitud talisibul, kaunistuseks
Juhised:

Kuumuta keskmises kastrulis vesi ja sool keemiseni. Sega aeglaselt sisse tangud ja alanda kuumust madalale.

Keeda kruupe aeg-ajalt segades, kuni need on kreemjad ja pehmed, umbes 20–25 minutit.

Sega juurde cheddari juust ja rõõsk koor, kuni juust on sulanud ja segu ühtlane. Hoidke soojas.

Küpseta suurel pannil tükeldatud peekon krõbedaks. Eemaldage see lusikaga ja asetage see kõrvale.

Hauta samal pannil rohelist paprikat, sibulat ja küüslauku keskmisel kõrgel kuumusel, kuni need on pehmenenud ja kergelt pruunistunud, umbes 5–7 minutit.

Lisage krevetid pannile ja hautage neid umbes 3-4 minutit, kuni need on roosad ja küpsed.

Eemaldage krevetid pannilt ja asetage need kõrvale.

Lisa pannile kanapuljong ja või ning sega, kuni või on sulanud ja segu ühtlane.

Maitsesta krevetid ja tangud maitse järgi soola ja musta pipraga. Tõsta tangud lusikaga kaussidesse ja tõsta peale krevetisegu.

Kaunista keedetud peekoni ja hakitud talisibulaga.

44. Lõuna-stiilis praetud kana

Koostis:

1 terve kana, lõigatud 10 tükiks
2 tassi petipiima
1 spl kuuma kastet
1 spl küüslaugupulbrit
1 spl sibulapulbrit
1 tl suitsupaprikat
1 tl Cayenne'i pipart
2 tassi universaalset jahu
1 spl küpsetuspulbrit
1 spl soola
1 tl musta pipart
Taimeõli praadimiseks
Juhised:

Vahusta suures kausis petipiim, kuum kaste, küüslaugupulber, sibulapulber, suitsupaprika ja Cayenne'i pipar, kuni need on hästi segunenud.

Lisage kanatükid kaussi, veendudes, et iga tükk on täielikult petipiimaseguga kaetud. Kata kauss kilega ja hoia külmkapis vähemalt 2 tundi või üleöö.

Vahusta eraldi kausis jahu, küpsetuspulber, sool ja must pipar.

Eemaldage kana petipiimasegust, raputage maha kõik üleliigne ja raputage iga tükk jahusegusse, raputades maha kõik üleliigsed.

Kuumutage umbes 1 tolli taimeõli suurel paksupõhjalisel pannil keskmisel kõrgel kuumusel, kuni see jõuab 350 °F-ni.

Asetage kanatükid ettevaatlikult kuuma õli sisse, ärge pange pannile liiga palju. Prae kana 12–15 minutit või kuni see on kuldpruun ja krõbe, keerates poole küpsetamise ajal tükid ümber.

Eemaldage kana pannilt ja asetage restile, et liigne õli tühjendada.

Serveerige praetud kana kuumalt koos oma lemmikkülgedega, nagu kartulipuder ja kõrrelised.

45. Kana praetud praad

Koostis:

4 kuubikut steiki
1 tass universaalset jahu
1 spl küüslaugupulbrit
1 spl sibulapulbrit
1 tl paprikat
1 tl soola
1/2 tl musta pipart
2 muna
1/4 tassi piima
Taimeõli praadimiseks
Juhised:

Sega madalas tassis jahu, küüslaugupulber, sibulapulber, paprika, sool ja must pipar.

Klopi teises madalas tassis kokku munad ja piim.

Kastke iga kuubikupihv jahusegusse, seejärel munasegusse ja seejärel tagasi jahusegusse, veendudes, et iga tükk on täielikult kaetud.

Kuumutage umbes 1/2 tolli taimeõli suurel paksupõhjalisel pannil keskmisel kõrgel kuumusel, kuni see jõuab 350 °F-ni.

Asetage lihatükid ettevaatlikult kuuma õli sisse, ärge pange panni liiga palju. Prae praade 3-4 minutit mõlemalt poolt või kuni need on kuldpruunid ja krõbedad.

Eemaldage praed pannilt ja asetage restile, et liigne õli välja voolata.

Serveerige kana praetud steiki kuumalt koos oma lemmikkülgedega, nagu kartulipuder ja rohelised oad.

SUPID JA HAUTUSED

46. Hiina hautis

Valmistab: 8 portsjonit

KOOSTISOSAD:
- Kala, homaar või krabi
- seller
- oad
- 1 tass riisi, keedetud
- seened
- maapähklid
- õli
- sibulad
- brokkoli

JUHISED:
a) Kuumutage vokkpannil õli keskmisel kuumusel.
b) Prae segades sibul, seejärel seller ja seened. Võtke igaüks välja.
c) Järgmisena praadige segades oad, brokkoli ja maapähklid.
d) Lisage esimene partii ja seejärel lisage oma kala.
e) Viimasena lisa 1 tass riisi ja auruta 1 minut.
f) Serveeri.

47. Prantsuse sibula supp

KOOSTISOSAD:
- 6 tassi hakitud sibulat
- 3 10¾ untsi purki veiselihapuljongit
- Dash Worcestershire
- Natuke pipart
- Natuke valget veini

JUHISED:
a) Prae sibul 3 sl võis ja lisa ülejäänud koostisosad.
b) Hauta 20 minutit ja lisa juust.
c) Serveeri leivaga.

48. Vanaema maa veiseliha odrasupp

KOOSTISOSAD:

- ½-1 naela veiseliha hautis
- 2 küüslauguküünt
- 2 spl õli
- 1 purk tomateid
- 2 tassi porgandit
- 2 tassi sellerit
- 2 tassi rohelisi ube
- ½ tassi otra
- 1 spl Worcestershire'i kastet
- Näputäis basiilikut
- Sool ja pipar
- 1 pakk veisepuljongit

JUHISED:

a) Pruunista veisehautis koos küüslauguga 2 spl õlis.
b) Lisa tomatid, porgand, seller, rohelised oad, oder, Worcestershire'i kaste, näputäis basiilikut, sool ja pipar ning 1 pakk veisepuljongit.
c) Keeda madalal kuumusel 3-4 tundi.

49. Härjasaba supp

KOOSTISOSAD:

- 1 härjasaba
- 3 portsjonit Laos
- 1 suur sibul
- 1 tükeldatud porgand
- ½ tassi klaretti
- 1 spl võid
- 1 kevadine tüümian
- ½ tassi hakitud tomateid
- 1 varsseller
- 2 kevadist peterselli
- 1 loorberileht
- 6 pipratera
- 1 spl Worcestershire'i kastet
- soola

JUHISED:

a) Pruunista liha ja sibul võis.
b) Lisa ülejäänud koostisosad ja hauta umbes 8 tundi.
c) Eemaldage liha luudest ja pange supi juurde.

KÕRVALROOG

50. Ahjukartuli ribad

KOOSTISOSAD:

- Russet kartul, kooritud, neljaks lõigatud ja seejärel kolmeks ribaks lõigatud
- Margariin
- ½ tassi parmesani juustu
- ½ tassi leivapuru
- Küüslaugu sool

JUHISED:

a) Veereta kartuleid margariinis ja seejärel veereta parmesani juustu ja riivsaia sees,
b) Maitsesta küüslaugusoolaga.
c) Küpseta 400 kraadises ahjus 30-35 minutit.

51. Juust jäätunud lillkapsas

Valmistab: 4-5 portsjonit

KOOSTISOSAD:
- 1 pea lillkapsas, purustatud õisikuteks
- soola
- ½ tassi majoneesi
- 2 supilusikatäit valmistatud sinepit
- ¾ tassi hakitud teravat juustu

JUHISED:
a) Eelkeeda lillkapsast keevas soolases vees 12-15 minutit.
b) Äravool. Aseta määrimata ahjuvormi.
c) Puista peale soola.
d) Sega ½ tassi majoneesi ja 2 supilusikatäit valmis sinepit. Laota peale lillkapsast.
e) Kõige peale ¾ tassi hakitud teravat juustu.
f) Küpsetage temperatuuril 375 kraadi F umbes 10 minutit või kuni juust on sulanud ja mullitav.

52. Gurmeekartul

KOOSTISOSAD:

- 12-14 kartulit
- 2 pulka eriti teravat juustu, hakitud
- 1 pulk võid
- 2 pinti hapukoort
- 1 keskmine sibul, hakitud
- Sool ja pipar maitse järgi

JUHISED:

a) Keeda kartulid koorega, lase jahtuda, koori ja tükelda.
b) Sulata 2 pulka eriti teravat juustu 1 pulga võiga. Kõrvale panema.
c) Segage 2 pinti hapukoort, 1 keskmine sibul ning sool ja pipar.
d) Lisa juustu ja või segu hapukooresegule.
e) Vala kartulitele ja sega läbi.
f) Aseta peale või.
g) Küpseta 45 minutit temperatuuril 350 kraadi F.

53. Kartulikugel

KOOSTISOSAD:

- 6 keskmist kartulit
- 2 muna
- ½ tassi jahu
- ½ tl küpsetuspulbrit
- 1½ tl soola
- ½ tl pipart
- ¼ tassi lühendamine
- 2 keskmist sibulat

JUHISED:

a) Koori ja riivi kartulid.
b) Lisa munad ja klopi ühtlaseks.
c) Sõelu omavahel jahu, sool, küpsetuspulber ja pipar. Lisa kartulisegule.
d) Riivi sibul ja pruunista helepruuniks,
e) Lisa taignale ja küpseta võiga määritud vormis 350 °Fahjus umbes 1 tund või kuni see on krõbe ja pruun.

54. Razorback kartulid

KOOSTISOSAD:

- 6 kuni 8 suurt ovaalset kartulit
- 1 tl soola
- pipar maitse järgi
- ½ tassi võid
- ½ tassi riivitud parmesani juustu
- ⅓ tassi kuivatatud leivapuru

JUHISED:

a) Kuumuta ahi 450 kraadini F. Kartulid tuleks koorida ühtlase suurusega.

b) Lõika iga virnastatud kartul ühest otsast ¼-tollisteks viiludeks, mis jäävad põhjast ¼ tolli kaugusele, nii et viil jääks koorunud.

c) Aseta kartulid viilutatud servadega ülespoole hästi määritud madalale ahjupannile.

d) Puista peale soola ja pipart ning määri võitükkidega. Küpseta ahjus 20 minutit.

e) Määri pannil aeg-ajalt võiga. Sega juust ja riivsai; puista ohtralt kartulite vahele. Viilutage igaüks ülevalt.

f) Küpseta veel 25–30 minutit, aeg-ajalt pestes, kuni see on kuldpruun ja pehme.

55. Collard Greens

Koostis:

2 naela kaelusroheline, varred eemaldatud ja lehed tükeldatud
6 tassi kanapuljongit
1 suur sibul, tükeldatud
3 küüslauguküünt, hakitud
2 suitsusingi kintsu või kalkuni kaela
1 tl soola
1/2 tl musta pipart
1/4 tl punase pipra helbeid
Juhised:

Kuumuta suures potis kanapuljong keema.
Lisage kaelus, sibul, küüslauk, singi kannad või kalkuni kaelad,
sool, must pipar ja punase pipra helbed.

MAGUSTOIT

56. All Stari jäätisevõileivad

Portsjon: 4 portsjonit. | Ettevalmistus: 10 minutit | Küpsetamine: 5 minutit | Valmis:

Koostisained

1/2 tassi šokolaadiküpsise taigna jäätist, pehmendatud

8 Oreo küpsist

6 untsi piimašokolaadi kommikate, sulatatud

Punased, valged ja sinised puistad

Suund

Küpsetage pooltele küpsistele 2 spl. jäätist, seejärel pane peale jäänud küpsised. Kühveldage sulanud kattega pealsed ja seejärel kasutage kaunistamiseks puisteid. Külmutage küpsetusplaadil minimaalselt tund aega.

Toitumisalane teave

Kalorid:

Kolesterool:

Valk:

Kogu rasv:

Naatrium:

Kiud:

Süsivesikud kokku:

57. Õunakoorepirukas

Portsjon: 8 | Ettevalmistus: 25 minutit | Küpsetamine: 35 minutit | Valmis:

Koostisained

4 tassi õhukesteks viiludeks lõigatud õunu

1 tass valget suhkrut

2 spl universaalset jahu

1 tl jahvatatud muskaatpähkel

2 tl jahvatatud kaneeli

4 spl võid

2 tassi pool ja pool

1 retsept küpsetis 9-tollise ühe koorega piruka jaoks

Suund

Seadke ahi temperatuurini 190 °C (375 °F) ja alustage eelkuumutamist.

Õunade asetamine pirukapõhjale. Sega omavahel kaneel, muskaatpähkel, jahu ja suhkur. Laota õunakihile.

Kuumuta või kuni sulamiseni ja sega kreemi hulka; määrida õuntele.

Küpseta 190 °C (375 °F) juures 35 minutit, kuni kest muutub kuldpruuniks, täidisemullid ja õunad muutuvad pehmeks. Laske jahtuda toatemperatuurini; jahuta täidise tardumiseks külmkapis.

Toitumisalane teave

Kalorid: 383 kalorit;

Kolesterool: 38

Valk: 3.6

Rasvad kokku: 20,5

Naatrium: 183

Süsivesikuid kokku: 48,6

58. Õunapelmeenid kastmega

Portsjon: 8 portsjonit. | Ettevalmistus: 60 minutit | Küpsetamine: 50 minutit | Valmis:

Koostisained

3 tassi universaalset jahu
1 tl soola
1 tass lühendamist
1/3 tassi külma vett
8 keskmist hapukat õuna, kooritud ja südamik
8 tl võid
9 tl kaneeli-suhkrut, jagatud

KASTE:

1-1/2 tassi pakitud pruuni suhkrut
1 tass vett
1/2 tassi võid, kuubikuteks

Suund

Segage sool ja jahu suures kausis kokku, seejärel viilutage tükkideks, kuni see on murene. Pane järk-järgult vette ja viska kahvliga, kuni moodustub taignapall. Jagage tainas 8 osaks, katke kaanega ja jahutage vähemalt pool tundi, kuni seda on lihtne käsitseda.

Seadke ahi 350 kraadini ja rullige iga tainaosa 2 kergelt jahuga kaetud paberilehe vahel 7 tolli suuruseks ruuduks. Pange igale ruudule 1 õun, seejärel pange iga õuna keskele 1 tl võid ja kaneeli-suhkrut.

Koguge kondiitritoodete nurgad õrnalt iga keskele, lõigates samal ajal ära kõik ülejäägid, seejärel suruge servad kinni. Lõika taignajääkidest õunalehed ja -varred välja, kui soovid, siis kasuta neid pelmeenide külge kinnitamiseks. Pange 13-tollisse x 9-tollisse rasvaga kaetud ahjuvormi ja puistake üle kaneeli-suhkru jääkidega.

Sega suures potis kokku kastme ained. Lase segades keema, kuni segu on segunenud, seejärel nirista õuntele.

Küpseta umbes 50–55 minutit, kuni kondiitritooted muutuvad kuldpruuniks ja õunad pehmeks, pestes seda aeg-ajalt kastmejääkidega. Serveeri soojalt.

Toitumisalane teave
Kalorid: 760 kalorit
Valk: 5 g valku.
Rasvad kokku: 40 g rasva (16 g küllastunud rasvu)
Naatrium: 466 mg naatriumi
Kiudained: 3 g kiudaineid)
Süsivesikud kokku: 97 g süsivesikuid (59 g suhkruid
Kolesterool: 41 mg kolesterooli

59. Apple Lemon Puff

Portsjon: 1 portsjon. | Ettevalmistus: 20 minutit | Küpsetamine: 15 minutit | Valmis:

Koostisained

1-1/2 tl võid

1 väike õun, kooritud, puhastatud südamikust ja lõigatud rõngasteks

6 tl suhkrut, jagatud

1 suur muna, eraldatud

1/2 tl riivitud sidrunikoort

1/4 tl vaniljeekstrakti

1/2 tl universaalset jahu

Suund

Sulata pannil või keskmisel kuumusel. Lisa õunarõngad; puista peale 2 tl suhkrut. Küpseta pehmeks, 1 kord ümber pöörates. Vahusta vanill, sidrunikoor ja munakollane kausis 1 minut. Vahusta munavalge eraldi kausis, kuni moodustuvad tugevad piigid; sega hulka suhkru ja jahu jäägid. Sega munakollasesegu hulka. Tõsta õunarõngad kergelt õliga kaetud 2-tassilisse ahjuvormi. Kõige peale määri laiali ajades munasegu. Küpseta 350 ° juures, kuni see on hangunud ja kuldpruun või 15-18 minutit. Tõsta tagurpidi serveerimisnõule.

Toitumisalane teave

Kalorid: 292 kalorit

Naatrium: 121 mg naatriumi

Kiudained: 3 g kiudaineid)

Süsivesikud kokku: 43 g süsivesikuid (38 g suhkruid

Kolesterool: 228 mg kolesterooli

Valk: 7 g valku.

Rasvad kokku: 11 g rasva (5 g küllastunud rasvu)

60. Õunavaarikakrõps

Portsjon: 12 portsjonit. | Ettevalmistus: 35 minutit | Küpsetamine: 40 minutit | Valmis:

Koostisained

10 tassi õhukesteks viiludeks lõigatud kooritud hapukaid õunu (umbes 10 keskmist)

4 tassi värskeid vaarikaid

1/3 tassi suhkrut

3 supilusikatäit pluss 3/4 tassi universaalset jahu, jagatud

1-1/2 tassi vanaaegset kaera

1 tass pakitud pruuni suhkrut

3/4 tassi täistera nisujahu

3/4 tassi külma võid

Suund

Pane suurde kaussi vaarikad ja õunad. Pange 3 spl universaalset jahu ja suhkrut; sega kergelt katteks. Lisage määritud 13x9-tollisse. küpsetuspann.

Sega väikeses kausis ülejäänud universaaljahu, täistera nisujahu, fariinsuhkur ja kaer. Püreesta võis kuni murenemiseni; puista peale (nõu saab täis).

Küpseta 350° juures ilma kaaneta 40–50 minutit või kuni kate on kuldpruun ja täidis mulliline. Serveeri soojalt.

Toitumisalane teave

Kalorid: 353 kalorit

Naatrium: 89 mg naatriumi

Kiudained: 6 g kiudaineid)

Süsivesikud kokku: 59 g süsivesikuid (35 g suhkruid

Kolesterool: 30 mg kolesterooli

Valk: 4 g valku.

Rasvad kokku: 13 g rasva (7 g küllastunud rasvu)

61. Õunapähkli poolkuud

Portsjon: 16 portsjonit. | Ettevalmistus: 15 minutit | Küpsetamine: 20 minutit | Valmis:

Koostisained

2 pakki (igaüks 8 untsi) jahutatud poolkuu rulli
1/4 tassi suhkrut
1 spl jahvatatud kaneeli
4 keskmist hapukat õuna, kooritud ja neljaks lõigatud
1/4 tassi hakitud kreeka pähkleid
1/4 tassi rosinaid, valikuline
1/4 tassi võid, sulatatud

Suund

Valmistage ahi ette, soojendades seda temperatuurini 375 kraadi F. Voltige lahti poolkuurulli tainas ja jagage see 16 kolmnurgaks. Sega kaneel ja suhkur; nirista igale kolmnurgale umbes 1/2 teelusikatäit. Pange õunaveerand lühikese külje lähedale ja rullige kokku. Seejärel pange rasvainega määritud 15x10x1 küpsetusvormi. Soovi korral suruge taigna peale rosinaid ja kreeka pähkleid. Piserdage võiga. Nirista üle ülejäänud kaneeli-suhkruga. Asetage eelsoojendatud ahju ja küpsetage 20-24 minutit või kuni kuldpruunini. Serveeri kuumalt.

Toitumisalane teave

Kalorid: 177 kalorit
Naatrium: 243 mg naatriumi
Kiudained: 1 g kiudaineid)
Süsivesikud kokku: 19 g süsivesikuid (9 g suhkruid
Kolesterool: 8 mg kolesterooli
Valk: 2g valku.
Rasvad kokku: 10 g rasva (3 g küllastunud rasvu)

62. Aprikoosimarjade kook

Portsjon: 2 portsjonit. | Ettevalmistus: 15 minutit | Küpsetamine: 0 minutit | Valmis:

Koostisained

1 tass värskeid vaarikaid ja/või murakaid

1 spl suhkrut

Natuke jahvatatud muskaatpähklit

1/4 tassi aprikoosimoosi

1 tl võid

Natuke soola

2 üksikut ümmargust rullbiskviidi

Vahukoor

Suund

Sega väikeses kausis muskaatpähkel, suhkur ja marjad; kaas. Tõsta tunniks ajaks külmkappi.

Sega ja keeda väikeses potis madalal kuumusel sool, või ja moos, kuni või sulab. Soojad käsnkoogid mikrolaineahjus 20 sekundit kõrgel temperatuuril; pane serveerimistaldrikutele. Pange peale marjasegu; nirista peale aprikoosikaste. Tõsta peale vahukoort.

Toitumisalane teave

Kalorid: 253 kalorit

Süsivesikud kokku: 54 g süsivesikuid (32 g suhkruid

Kolesterool: 33 mg kolesterooli

Valk: 2g valku.

Rasvad kokku: 4 g rasva (2 g küllastunud rasvu)

Naatrium: 283 mg naatriumi

Kiudained: 4 g kiudaineid)

63. Maapähklivõi Fudge

Portsjon: 3 naela. | Ettevalmistus: 20 minutit | Küpsetamine: 5 minutit | Valmis:

Koostisained

1 tl pluss 1/2 tassi võid, jagatud

1 tass rammusat maapähklivõid

1 pakk (8 untsi) sulatusjuustu (Velveeta), kuubikuteks

1 pakk (2 naela) kondiitri suhkrut

1-1/2 tl vaniljeekstrakti

Suund

Kasutage 13-tollise x 9-tollise panni vooderdamiseks fooliumit ja määrige foolium 1 tl võiga; kõrvale panema.

Sega suures paksus kastrulis ülejäänud või, juust ja maapähklivõi. Keeda ja sega keskmisel kuumusel kuni sulamiseni. Tõsta tulelt. Sega vanill ja kondiitri suhkur järk-järgult kuni segunemiseni (segu tuleb paks).

Laota vooderdatud pannile. Hoia külmkapis 2 tundi või kuni taheneb.

Võtke fudge pannilt fooliumi abil välja. Viska foolium; viiluta fudge 1-tollisteks ruutudeks. Pange külmikusse hoidmiseks õhukindlasse anumasse.

Toitumisalane teave

Kalorid: 69 kalorit

Süsivesikud kokku: 10 g süsivesikuid (9 g suhkruid

Kolesterool: 5 mg kolesterooli

Valk: 1 g valku. Diabeedivahetused: 1/2 tärklist

Rasvad kokku: 3 g rasva (1 g küllastunud rasvu)

Naatrium: 50 mg naatriumi

Kiudained: 0 kiudaineid)

64. Kuulus Butterscotchi juustukook

Portsjon: 12 portsjonit. | Ettevalmistus: 30 minutit | Küpsetamine: 01 tundi 05 minutit | Valmis:

Koostisained

1–1/2 tassi grahami kreekeripuru
1/3 tassi pakitud pruuni suhkrut
1/3 tassi võid, sulatatud
1 purk (14 untsi) magustatud kondenspiima
3/4 tassi külma 2% piima
1 pakk (3,4 untsi) kiirpudingi segu
3 pakki (igaüks 8 untsi) toorjuustu, pehmendatud
1 tl vaniljeekstrakti
3 suurt muna, kergelt lahtiklopitud
Vahukoor ja purustatud võikübarakommid, soovi korral

Suund

Asetage õlitatud 9-tolline vedruvorm kahekordse paksusega tugevale fooliumile (umbes 18-tollise ruudu). Mähi panni ümber kindlalt fooliumiga. Sega väikeses kausis suhkur ja kreekeripuru; sega sisse või. Suru segu ettevalmistatud panni põhjale. Laota pann küpsetusplaadile. Küpseta 10 minutit 325 kraadi juures. Aseta restile jahtuma.

Vahusta pudingisegu ja piimad väikeses kausis umbes 2 minutit. Laske seista, kuni see on pehme, umbes 2 minutit.

Samal ajal klopi suures kausis toorjuust ühtlaseks vahuks. Klopi hulka vanill ja puding. Vala hulka munad ja vahusta madalal kiirusel, kuni segu on segunenud. Vala kooriku peale. Aseta vedruvorm suurele ahjupannile; valage suuremale pannile 1 tolli kuuma vett.

Küpseta 65–75 minutit 325 kraadi juures, kuni pealt tundub tuhm ja keskosa on peaaegu tahenenud. Võtke vedruvorm veevannist välja.

Lase restil 10 minutit jahtuda.

Lükake nuga ettevaatlikult panni serva järgi, et see lahti saaks; lase veel 1 tund jahtuda. Jahuta üleöö külmikus. Soovi korral kasuta kaunistuseks vahukoort ja võikomme.

Toitumisalane teave

Kalorid: 473 kalorit

Valk: 10 g valku.

Rasvad kokku: 30 g rasva (18 g küllastunud rasvu)

Naatrium: 460 mg naatriumi

Kiudained: 0 kiudaineid)

Süsivesikud kokku: 42 g süsivesikuid (34 g suhkruid

Kolesterool: 141 mg kolesterooli

65. Austria pähkliküpsised

Portsjon: 10 võileiväküpsist. | Ettevalmistus: 30 minutit | Küpsetamine: 10 minutit | Valmis:
Koostisained
1 tass universaalset jahu
2/3 tassi peeneks hakitud mandleid
1/3 tassi suhkrut
1/2 tassi võid, pehmendatud
1/4 tassi seemneteta vaarikamoosi
JÄRASTUS:
1 unts magustamata šokolaadi, sulatatud ja jahutatud 1/3 tassi kondiitrisuhkrut 2 supilusikatäit võid, pehmendatud mandlid, valikuline
Suund
Sega kausis suhkur, hakitud mandlid ja jahu; segage võid, kuni tainas on lihtsalt segunenud. Rulli tainas 1/8-tolliseks. paks jahusel pinnal; lõika kasutades 2-tollist. ümmargune lõikur. Pane määritud küpsetuspaberitele, 1-tolline. lahus; kaas. Pane need 1 tunniks külmkappi.
Paljastama; küpseta 375 ° juures, kuni servad on kergelt pruunistunud või 7-10 minutit. Ülekanne traatriiulitele; täiesti lahe.
Määri 1/2 küpsist moosiga; peal teine küpsis.
Jäätus: Sega või, kondiitri suhkur ja šokolaad; levida küpsiste peale. Kaunistamiseks kasuta tükeldatud mandleid.
Toitumisalane teave
Kalorid: 277 kalorit
Rasvad kokku: 18 g rasva (9 g küllastunud rasvu)
Naatrium: 92 mg naatriumi
Kiudained: 2g kiudaineid)
Süsivesikud kokku: 28 g süsivesikuid (16 g suhkruid
Kolesterool: 31 mg kolesterooli
Valk: 4 g valku.

66. Banaani-õunakastme kook

Portsjon: 16-20 portsjonit. | Ettevalmistus: 40 minutit | Küpsetamine: 25 minutit | Valmis:

Koostisained

1 tass võid, pehmendatud
2 tassi suhkrut
4 muna, eraldatud
3 tassi universaalset jahu
2 tl küpsetuspulbrit
1 tass piima
1/2 tl vaniljeekstrakti
1/2 tl sidruniekstrakti

TÄITMINE:

2 tassi magustatud õunakastet
3 keskmiselt kõva banaani, viilutatud
3 spl sidrunimahla

JÄRASTUS:

1 tass suhkrut
2 munavalget
3 spl vett
1/2 tl koort hambakivi
1/4 teelusikatäit soola
1 tl vaniljeekstrakti
1/4 tassi magustatud hakitud kookospähklit, röstitud

Suund

Vahusta suhkur ja või suures kausis kohevaks ja heledaks vahuks. Klopi sisse munakollane ja seejärel ekstraktid. Sega küpsetuspulber ja jahu omavahel ning pane siis vaheldumisi piimaga kooresegusse pekstes hästi pärast iga tõusu.

Vahusta munavalged väikeses kausis pehmete tippude moodustamiseks, seejärel sega ettevaatlikult taignasse. Tõsta kolmele 9-tollisele ümmargusele küpsetusvormile, mis on kaetud rasvaga. Küpseta 350 kraadi juures, kuni koogitestid on tehtud, umbes 25 kuni 30 minutit. Laske umbes 10 minutit jahtuda, seejärel võtke vormidest välja ja asetage restidele täielikult jahtuma.

Tükelda õunakaste ja määri 2 koogikihile. Kastke banaanid sidrunimahlaga ja asetage õunakastmele. Lao serveerimistaldrikule nii, et peal on tavaline kiht.

Külmutamiseks sega suures paksus kastrulis madalal kuumusel kokku sool, tartarikoor, vesi, munavalged ja suhkur. Vahusta saumikseriga madalal kiirusel umbes üks minut, seejärel jätka vahustamist madalal kiirusel madalal kuumusel 8–10 minutit, kuni jäätemperatuur jõuab 160 kraadini.

Tõsta suurde kaussi, seejärel pane vaniljesse. Vahusta suurel kiirusel 7 minutit, kuni moodustuvad kindlad tipud. Katke koogi ülaosa ja küljed ning puista peale kookospähkliga. Säilitamiseks hoida külmkapis.

Toitumisalane teave

Kalorid: 332 kalorit

Valk: 4 g valku.

Rasvad kokku: 11 g rasva (7 g küllastunud rasvu)

Naatrium: 191 mg naatriumi

Kiudained: 1 g kiudaineid)

Süsivesikud kokku: 55 g süsivesikuid (39 g suhkruid

Kolesterool: 69 mg kolesterooli

67. Banaanitükkide kook

Portsjon: 16 portsjonit. | Ettevalmistus: 25 minutit | Küpsetamine: 40 minutit | Valmis:

Koostisained

1 pakk kollase koogi segu (tavalise suurusega)

1-1/4 tassi vett

3 suurt muna

1/2 tassi magustamata õunakastet

2 keskmist banaani, purustatud

1 tass miniatuurseid poolmagusaid šokolaaditükke

1/2 tassi hakitud kreeka pähkleid

Suund

Vahusta õunakaste, munad, vesi ja koogisegu suures kausis; blenderda segu pool minutit madalal kuumusel. Suurenda kiirust keskmisele ja sega 2 minutit. Sega hulka kreeka pähklid, laastud ja banaanid.

Kasutage 10-tollise kurvilise toruga panni pihustamiseks toiduvalmistamispihustit, seejärel puista jahu; vala sisse tainas. Küpseta 350 kraadi juures, kuni koogi keskele pista hambaork tuleb puhtana välja ehk umbes 40–50 minutit. Lase koogil 10 minutit jahtuda; võtke pannilt välja ja asetage restile, seejärel jahutage täielikult.

Toitumisalane teave

Kalorid: 233 kalorit

Kiudained: 1 g kiudaineid)

Süsivesikud kokku: 38 g süsivesikuid (24 g suhkruid

Kolesterool: 40 mg kolesterooli

Valk: 3g valku.

Rasvad kokku: 9 g rasva (4 g küllastunud rasvu)

Naatrium: 225 mg naatriumi

68. Banaani Flip kook

Portsjon: 16 portsjonit. | Ettevalmistus: 30 minutit | Küpsetamine: 30 minutit | Valmis:
Koostisained
1 pakk kollase koogi segu (tavalise suurusega)
1 pakk (3,4 untsi) banaani- või vaniljepudingi segu
1-1/2 tassi 2% piima
4 muna
JÄRASTUS:
1/3 tassi universaalset jahu
1 tass 2% piima
1/2 tassi võid, pehmendatud
1/2 tassi lühendamist
1 tass suhkrut
1-1/2 tl vaniljeekstrakti
2 spl kondiitri suhkrut
Suund
Kasutage vahatatud paberit, et vooderdada 2 15 x 10 "x1" küpsetusvormi, mis on kaetud rasvaga, seejärel määrige paber rasvaga ja asetage kõrvale.

Sega suures kausis kokku munad, piim, pudingisegu ja koogisegu, seejärel klopi madalal kiirusel umbes pool minutit. Jätkake keskmisel vahustamist umbes 2 minutit.

Jaotage tainas eelnevalt ettevalmistatud vormidesse ja küpsetage 350 kraadi juures, kuni hambaork jääb pärast keskele sisestamist puhtaks, umbes 12–15 minutit. Laske jahtuda umbes 5 minutit enne traatrestidel ümberpööramist, et see korralikult jahtuda. Koorige vahatatud paber õrnalt maha.

Vahepeal vahusta väikeses potis piim ja jahu ühtlaseks massiks. Kuumutage segu keemiseni, seejärel keetke ja segage kuni paksenemiseni, umbes 2 minutit. Tõsta tulelt, aseta kaanele ja lase jahtuda toatemperatuurini.

Vahusta suhkur, rasv ja või tugeva seisumikseri kausis kohevaks ja heledaks vahuks. Klopi sisse vanilje. Vala piimasegusse ja klopi kõrgel kuumusel kohevaks, umbes 10–15 minutit.

Tõsta ühe koogiga suurele lõikelauale ja määri pealt glasuuriga. Tõsta peale koogijäägid ja puista peale veel kondiitrite suhkrut. Lõika kook viiludeks ja jahuta ülejäägid.

Toitumisalane teave

Kalorid: 355 kalorit

Naatrium: 372 mg naatriumi

Kiudained: 0 kiudaineid)

Süsivesikud kokku: 49 g süsivesikuid (35 g suhkruid

Kolesterool: 71 mg kolesterooli

Valk: 4 g valku.

Rasvad kokku: 16 g rasva (7 g küllastunud rasvu)

69. Banaanirummi sulandused kahele

Portsjon: 2 portsjonit. | Ettevalmistus: 10 minutit | Küpsetamine: 10 minutit | Valmis:

Koostisained

1 spl võid

1/4 tassi pakitud pruuni suhkrut

Natuke jahvatatud muskaatpähklit

2 keskmiselt kõva banaani, poolitatud ja viilutatud

2 spl kuldseid rosinaid

1 spl rummi

1 spl viilutatud mandleid, röstitud

1-1/3 tassi vaniljejäätist

Suund

Sulata või suurel mittenakkuval pannil keskmisel-madalal kuumusel. Segage pruun suhkur ja muskaatpähkel segusse, kuni see on segunenud.

Lülitage kuumus välja; lisa mandlid, rosinad, rumm ja banaanid. Küpseta keskmisel kuumusel õrnalt segades, kuni banaanid on kergelt pehmenenud ja glasuuritud umbes 3-4 minutit. Serveeri jäätise kõrvale.

Toitumisalane teave

Kalorid: 497 kalorit

Valk: 5 g valku.

Rasvad kokku: 17 g rasva (10 g küllastunud rasvu)

Naatrium: 124 mg naatriumi

Kiudained: 4 g kiudaineid)

Süsivesikud kokku: 82 g süsivesikuid (63 g suhkruid

Kolesterool: 54 mg kolesterooli

70. Banaaniga poolitatud kook

Portsjon: 4 portsjonit | Ettevalmistus: 10 minutit | Küpsetamine: 0 minutit | Valmis:

Koostisained

8 viilu naelakook (paksus 1/2 tolli) või 4 üksikut ümmargust käsnkooki

2 keskmiselt kõva banaani, lõigatud 1/4-tollisteks viiludeks 4 lusikatäit vaniljejäätist 1/4 tassi šokolaadikastet

Suund

Pane koogiviilud neljale eraldi taldrikule. Kõige peale pane jäätis ja banaanid. Kaunista šokolaadikastmega.

Toitumisalane teave

Kalorid:

Naatrium:

Kiud:

Süsivesikud kokku:

Kolesterool:

Valk:

Kogu rasv:

71. Berry Blue Pops

Portsjon: 18 popsi. | Ettevalmistus: 25 minutit | Küpsetamine: 0 minutit | Valmis:
Koostisained
6 spl marjasinist želatiini
1 tass suhkrut, jagatud
2 tassi keeva vett, jagatud
2 tassi külma vett, jagatud
6 spl maasikaželatiini
18 sügavkülma popvormi või 18 pabertopsi (igaüks 3 untsi) ja puidust poppulgad
Suund
Sulata väikeses kausis 1/2 tassi suhkrut ja marjasinist želatiinipulbrit 1 kl keevas vees. Sega sisse 1 kl külma vett. Sulata teises kausis järelejäänud suhkru ja maasika želatiinipulber keevas vees. Sega hulka ülejäänud külm vesi.
Sega väikeses kausis 1/2 maasikaželatiinisegu ja 1/2 marjasinise želatiini segu. Pange kõik sügavkülma, kuni see muutub lörtsiks või 1 3/4-2 tunniks. Keerake suures kausis vastavalt soovile 3 värvi. Täida iga tass/vorm 1/4 tassi želatiini seguga. Asetage hoidikud peale. Tasside (kui kasutate) jaoks katta pealt fooliumiga ja seejärel asetada pulgad läbi fooliumi. Külmuta kuni tahkeks.
Toitumisalane teave
Kalorid: 77 kalorit
Naatrium: 21 mg naatriumi
Kiudained: 0 kiudaineid)
Süsivesikud kokku: 19 g süsivesikuid (19 g suhkruid
Kolesterool: 0 kolesterooli
Valk: 1 g valku. Diabeedivahetused: 1 tärklis.
Rasvad kokku: 0 rasva (0 küllastunud rasva)

72. Musta kirsi šerbett

Portsjon: 2-1/2 liitrit. | Ettevalmistus: 25 minutit | Küpsetamine: 20 minutit | Valmis:

Koostisained

4 tassi värskeid või külmutatud neljandikuid, kivideta tumedaid kirsse, sulatatud

1 tass suhkrut

2 liitrit musta kirsi soodat, jahutatud

1 purk (14 untsi) magustatud kondenspiima

1 tass (6 untsi) miniatuursed poolmagusad šokolaaditükid

Suund

Kuumuta suures potis kirsse ja suhkrut keskmisel kuumusel umbes 15 minutit, kuni need on veidi paksenenud, sega aeg-ajalt. Lisage suurde kaussi; laske sellel jahtuda toatemperatuurini. Hoia külmkapis kuni jahtumiseni.

Sega segusse sooda, piim ja šokolaaditükid. Täida segu jäätise sügavkülmiku silindrisse, kuni see on kaks kolmandikku täis; külmutada, järgides tootja juhiseid. (Hoidke ülejäänud segu külmkapis, kuni see on külmutamiseks valmis.) Lisage jäätis sügavkülmikumahutitesse, jätke paisumiseks ruumi. Külmuta kuni tahkeks 2-4 tunniks. Korrake protsessi ülejäänud jäätiseseguga.

Toitumisalane teave

Kalorid: 213 kalorit

Kiudained: 1 g kiudaineid)

Süsivesikud kokku: 43 g süsivesikuid (41 g suhkruid

Kolesterool: 7 mg kolesterooli

Valk: 2g valku.

Rasvad kokku: 5 g rasva (3 g küllastunud rasvu)

Naatrium: 39 mg naatriumi

73. Muraka pealispinnaga käsnkoogid

Portsjon: 6 portsjonit. | Ettevalmistus: 10 minutit | Küpsetamine: 15 minutit | Valmis:

Koostisained

6 üksikut ümmargust rullbiskviidi

4 tassi värskeid murakaid

1/4 tassi murakabrändi

1-1/4 tl suhkrut

Vahukoor, valikuline

Suund

Tõsta rullbiskviidid serveerimisvaagnatele. Aseta peale kolm murakat. Blenderda ülejäänud murakad köögikombaini abil; blenderda, kuni see muutub püreeks. Filtreerige viljaliha ja seemnete eemaldamiseks. Vala püree väikesesse kastrulisse. Sega segades hulka suhkur ja brändi. Laske keema tõusta ja jätkake keetmist, kuni pool vedelikust on aurustunud, perioodiliselt segades. Vala see marjadele. Soovi korral kasuta katteks vahukoort.

JOOGID

74. Õunapirukas Moonshine

KOOSTISOSAD:

- ½ gallonit õunasiidri
- ½ gallonit õunamahla
- 1-liitrine Everclear
- 1 tass pruuni suhkrut
- 1 tass valget suhkrut
- 1 tass vaniljet
- Kaneelipulgad
- näputäis muskaatpähklit
- Natuke õunakoogi vürtsi

JUHISED:

a) Sega suures potis õunamahl, õunasiider, valge suhkur, pruun suhkur, kaneelipulgad, muskaatpähkel, vanill ja õunakoogi vürts; lase peaaegu keema.

b) Kata pott kaanega, alanda kuumust ja hauta umbes 1 tund.

c) Eemaldage kuumusest ja jahutage täielikult.

d) Lisa õunasiirupisse Everclear; eemalda kaneelipulgad.

e) Valage õunakoogi moonshine puhastesse klaaspurkidesse või -pudelitesse.

f) Hoida külmkapis.

75. Sunrise EggNog

KOOSTISOSAD:
- 1 liitrit Stewart's Egg Nog
- 3 untsi konjakit
- 1½ untsi rummi
- 1½ untsi kakaokreemi

JUHISED:
a) Kombineeri kõik koostisosad.
b) Sega hästi.
c) Soovi korral jahuta

76. Puu südamlik

KOOSTISOSAD:

- 3 naela puuvilju
- 2½ naela suhkrut
- Džinn, viin või brändi

JUHISED:

a) Asetage puuviljad suhkruga 1-gallonisse purki ja lisage džinn, viin või brändi.

b) Katke ja asetage kõrvale.

c) Pöörake iga päev 2 või 3 korda. Ärge raputage. Korrake, kuni suhkur on lahustunud.

d) Hea umbes 2 kuu pärast.

77. Viinamarjavein

KOOSTISOSAD:
- Viinamarjad
- Suhkur
- Vesi

JUHISED:
1. MEETOD
a) Pese ja varre viinamarjad
b) Püreesta pannil kartulipuksuriga ja vala puhtasse potti.
c) Lahustage suhkur väikeses koguses kuumas vees. Lisa viinamarjadele.
d) Laske seista 5 või 6 päeva või 7-10 päeva, pöörates viljaliha iga päev.
e) Eemaldage viljaliha pealt ja laske umbes 30 päeva seista ja villige pudelisse.

2. MEETOD
a) Võtke viljaliha ja lisage sellele vesi ja suhkur. Lase uuesti 5-10 päeva seista.
b) Pigista viljaliha välja ja lase 30 päeva seista ning villi pudelisse.

78. Kahlua

KOOSTISOSAD:

- 3 tassi valget suhkrut
- 1 tass pruuni suhkrut
- 2 tassi vett
- 2 untsi lahustuvat kohvi
- 1 vaniljekaun
- 1-liitrine viin (kasutame 90-kindlat)

JUHISED:

a) Kuumuta 2 tassi vett kergelt/õrnalt keemiseni.
b) Sega juurde lahustuv kohv.
c) Segage suhkrut kuni lahustumiseni. Tõsta kõrvale jahtuma.
d) Valage viin ½ gallonisse või (1¾-liitrisesse) tumedasse viskipudelisse.
e) Lõika vaniljekaun 1-tollisteks ribadeks ja pane pudelisse.
f) Täida jahtunud seguga,
g) Keerake pudelit segamiseks.
h) Hoida pimedas kohas 1 kuu
i) Märkus: vaniljekaun lahustub täielikult kuu lõpus (küpsemisperiood). Vaniljekauna saate mõnest toidupoest, kuid leidsime, et need on vürtsipoodides või muudes tervisetoidupoodides palju odavamad.

79. Kahlua Yubani kohviga

KOOSTISOSAD:

- 1 liitrit vett
- 3 tassi suhkrut
- 10 teelusikatäit Yuban lahustuvat kohvi (muud brändid pole)
- 3 tl puhast vaniljeekstrakti
- 3 tassi viina (90 proovi)

JUHISED:

a) Hauta vett, suhkrut ja kohvi kaaneta potis 1 tund.
b) Jahuta toatemperatuurini ning lisa vanilliekstrakt ja viin.

80. Kahlua vaniljeekstraktiga

KOOSTISOSAD:
- 1 liitrit vett (4 tassi)
- 3 tassi suhkrut
- 10 tl lahustuvat kohvi
- 9 tl vaniljeekstrakti
- 3 tassi viina

JUHISED:
a) Lase vesi, suhkur ja kohv keema ning keeda 3 tundi.
b) Jahuta ja lisa vanill ja viin

marinaadid, KONSERVID JA MAITSE

81. 48 tunni marineeritud kurgid

KOOSTISOSAD:
- 1 ¾ liitrit vett
- 1½ tassi äädikat
- ⅓ tassi soola
- ½ tassi suhkrut
- 7-10 kurki, neljandikku
- tilli maitse järgi
- küüslauk maitse järgi

JUHISED:
a) Keeda vesi, äädikas, sool ja suhkur koos. Lahe.
b) Valage kurkidele jahutatud soolveega;
c) Lisa maitse järgi küüslauku ja tilli.
d) Maitse arenemiseks hoia 1 nädal külmkapis.

82. Leib ja või Gerkins

KOOSTISOSAD:

- 4 liitrit viilutatud koogid
- 1 liitrit viilutatud sibulat
- 4 tassi valget suhkrut
- 1-liitrine äädikas/siider (lõigatud liitrini)
- 1 liitrit vett (lõigatud liitrini)
- 1 spl soola
- 1 spl kurkumit
- 2 supilusikatäit sinepiseemneid

JUHISED:

a) Segage kõik ja laske aeglaselt keema.
b) Küpseta 10 minutit.
c) Pakkige kohe kuumalt steriliseeritud purkidesse ja sulgege.

83. Leib ja Või Hapukurk

KOOSTISOSAD:

- 4 liitrit viilutatud kooke (õhukesed)
- 1 liitrit viilutatud sibulat
- 4 tassi valget suhkrut
- 1-liitrine äädikas / siider
- 1 liitrit vett
- 1 spl soola
- 1 spl kurkumit
- 2 supilusikatäit sinepiseemneid

JUHISED:

a) Kombineerige kõik ja laske aeglaselt keema.
b) Küpseta 10 minutit.
c) Pakkige kohe kuumalt steriliseeritud purkidesse ja sulgege.

84. Lillkapsa marinaadid

KOOSTISOSAD:

- 2 suurt lillkapsast
- 12 keskmist sibulat
- ¼ tassi soola
- ¾ tassi suhkrut
- 1 tl jahvatatud kurkumit
- 2 tl tervet sinepiseemnet
- 1 tl selleriseemneid
- 1 väike kuiv punane pipar
- ½ tl tervet nelki
- 1½ tassi valget äädikat
- 1½ tassi vett

JUHISED:

a) Sega lillkapsas soolaga viilutatud sibulaga ja lase üleöö seista.
b) Järgmisel päeval loputa külmas vees.
c) Segage veekeetjas vürtsid, äädikas ja vesi.
d) Lisa marli kotti seotud nelk. Keeda 5 minutit.
e) Lisa lillkapsas ja sibul ning keeda 10 minutit, eemalda nelk ja punane pipar.
f) Paki kuumadesse purkidesse.

85. Lihtne tilli hapukurk

KOOSTISOSAD:

- ¾ tassi suhkrut
- ½ tassi soola
- 1-liitrine äädikas
- 1 liitrit vett
- 3 spl segatud marineerimisvürtse
- 30-40 kurki, lõika pikuti pooleks
- Roheline või kuiv till

JUHISED:

a) Pese ja kuivata kurk.
b) Sega keskmises kastrulis vesi, äädikas, sool ja suhkur.
c) Kuumuta keemiseni ja keeruta, et suhkur ja sool lahustuksid.
d) Eemaldage kuumusest ja jahutage toatemperatuurini.
e) Lisa kurgid purkidesse. Ärge pakke neid ülitihedalt, sest soovite soolveele ruumi.
f) Lisa värske till ja segatud marineerimisvürtsid.
g) Lõpeta, lisades nii palju soolvett, et kurgid oleksid kaetud. Sulgege õhukindla kaanega ja hoidke külmkapis vähemalt üks nädal.

86. Viinamarjade konserveerimine

KOOSTISOSAD:

- 3 naela Viinamarjad
- 3 naela suhkrut
- 1 nael seemnetega rosinaid
- 3 apelsini
- ½ naela Kreeka pähkli liha, hakitud

JUHISED:

a) Eraldage viinamarjade kestad viljalihast. Küpseta viljaliha umbes 10 minutit ja seejärel kurna, et eemaldada seemned enne koorega ühendamist.

b) Pane rosinad ja apelsinid läbi hakklihamasina. Lisa viinamarjadele.

c) Lisa suhkur ja kuumuta aeglaselt segades umbes 45 minutit.

d) Enne sulgemist lisage kreeka pähklid. Vala väikestesse purkidesse ja sule.

87. Jääpurikakurgid

Valmistab: umbes 6 pinti

KOOSTISOSAD:
- 3 naela 4-tollist kurki, pikuti 8-tollisteks viiludeks
- 6 väikest sibulat, neljaks lõigatud
- Kuus 5-tollist selleritükki
- 1 spl sinepiseemne
- 1 liitrit destilleeritud valget äädikat
- ¼ tassi soola
- 2½ tassi granuleeritud suhkrut
- 1 tass vett

JUHISED:
a) Peske, tükeldage kurgid ja leotage neid 3 tundi jäävees.
b) Nõruta ja pakenda puhastesse pinti purkidesse.
c) Lisa igasse purki I sibul, 1 tükk sellerit ja ½ tl sinepiseemnet.
d) Sega äädikas, sool, suhkur ja vesi ning kuumuta keemiseni.
e) Valage kurkidele suhkrulahus ja täitke purgid ½ tolli ulatuses ülevalt.
f) Kohe reguleerige kaaned ja töödelge 10 minutit keevas veevannis.

88. Pepper Relish

KOOSTISOSAD:

- 12 punast paprikat
- 12 rohelist paprikat
- 8 suurt sibulat

JUHISED:

a) Tükelda, vala peale keev vesi ja lase 15 minutit seista.
b) Kurna ja lisa 1 sakk. Sool, 1 tass suhkrut, 2 tassi äädikat
c) Keeda umbes 15 minutit ja villida.

89. Marineeritud peet

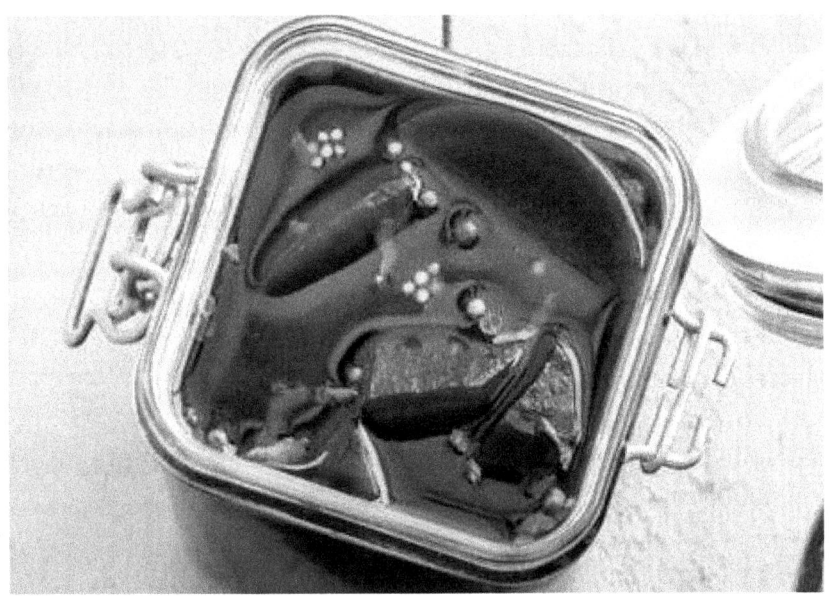

KOOSTISOSAD:

- 8 väikest peeti
- 1 tass siidri äädikat
- 1 tl soola
- ¼ tassi suhkrut
- 5 pipratera
- 1 tl marineerimisvürtsi
- 1 loorberileht, värske puur

JUHISED:

a) Keeda peet pisut kõvaks.
b) Nõruta, jättes 1 tassi vedelikku.
c) Täitke purk umbes ¼ tolli ülaosast
d) Sega peedivedelik ülejäänud vedeliku ja vürtsidega ning kuumuta keemiseni, täida purk ja töötle 10 minutit.

90. Rabarberi konserv

KOOSTISOSAD:
- 3½ naela rabarberit
- 3 naela suhkrut
- ½ rosinaid
- 1 tass kreeka pähkleid
- 3 sidrunit (mahl)
- 3 apelsini koor

JUHISED:
a) Keeda apelsini, rabarberi ja suhkru koort 2 tundi.
b) Lisa ülejäänud koostisosad ja küpseta 1 tund.

91. Rabarberi maitse

KOOSTISOSAD:

- 4 tassi tükeldatud rabarberit
- 2 tassi peeneks hakitud sibulat
- 2 tassi pehmet äädikat
- 3 tassi pruuni suhkrut
- 1 tl soola
- 1 tl kaneeli
- ½ tl nelki (jahvatatud)
- ½ tl jahvatatud ingverit
- Natuke Cayenne'i pipart

JUHISED:

a) Sega suures kastrulis kõik koostisosad kokku. Kuumuta keemiseni.

b) Alanda kuumust ja hauta, kuni segu pakseneb, umbes 2 tundi, aeg-ajalt segades.

c) Täitke kõik anumad 0,5 tolli täpsusega ülaosast. Pühkige konteinerite ülemised servad ära; katke need kaanega.

92. Magusad hapukurgid

KOOSTISOSAD:

- 30 kurki
- 3 tassi äädikat
- 1 tass vett
- 2 tassi suhkrut
- 1 tl segatud vürtse

JUHISED:

a) Kata kurgid üleöö soolases vees (⅓ tassi soola iga liitri vee kohta). Äravool.

b) Keeda äädikat, vett ja suhkrut 10 minutit või kuni need on selged.

c) Lisa kurgid ja lase tasasel tulel seista, kuni need kaotavad oma värvi.

d) Pange 1 tl segatud vürtse.

93. Tuhande saare hapukurk

KOOSTISOSAD:

- 1-liitrine viilutatud kurgi hapukurk (õhukeseks viilutatud)
- 8 väikest sibulat
- 6 keskmist paprikat
- 3 supilusikatäit soola
- 4 tassi granuleeritud suhkrut
- 1 spl selleriseemneid
- 1 spl sinepiseemne
- 1 spl kurkumipulbrit
- 6 tervet nelki

JUHISED:

a) Segage kurgi marineeritud kurgid, paprika ja sool ning laske 3 tundi seista.

b) Kurna ja lisa suhkur, selleriseemned, sinepiseemned, kurkum ja nelk.

c) Kata kõik äädikaga ja töötle 5 või 10 minutit, seejärel pane purkidesse.

94. Tomatipüree

KOOSTISOSAD:

- 4 liitrit marineeritud tomateid
- 1 tl konservisoola
- 1 spl suhkrut

JUHISED:

a) Tükeldage tomatid neljaks ja asetage need suurde kastrulisse.
b) Aja tomatid kartulipudru või suure lusikaga purustades keema.
c) Lase tomatitel 1 tund podiseda, sega vastavalt vajadusele, et tomatid ei kõrbeks ega kleepuks kastruli põhja.
d) Tõsta paksenenud, purustatud tomatid toiduveskisse või sõelale ning eemalda koor ja seemned.
e) Pane tomatid kastrulisse tagasi.
f) Lisa marineerimissool ja suhkur.
g) Jätkake tomatite küpsetamist keskmisel kuumusel, sageli segades, veel 2 ja pool tundi (või kuni tomatisegu on poole võrra vähenenud).
h) Jaotage kuum tomatipasta kuumutatud purkide vahel, jättes ½ tolli vaba ruumi.
i) Sulgege iga purk 2-osalise kaanega ja töödelge veevannipurgis 45 minutit.

95. Soolvesi

KOOSTISOSAD:
- 3 liitrit äädikat
- 3 liitrit vett
- 1 tass soola

JUHISED:
a) Sega kõik koostisosad keskmises kastrulis kokku.
b) Kuumuta kõrgel keemiseni, sega, kuni suhkur lahustub.
c) Eemaldage kuumusest; jahuta 10 minutit.

KASTMED, TÄIDIS JA TÄIDIS

96. Tšillikaste

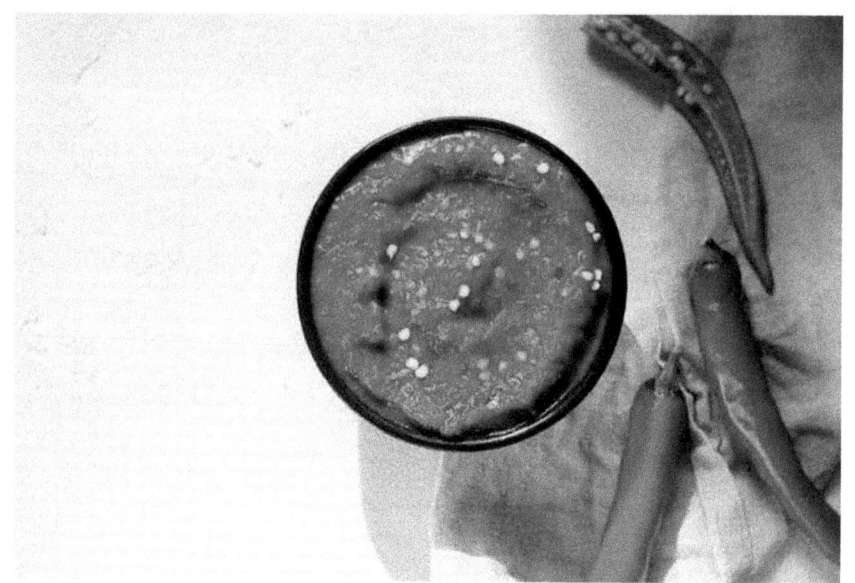

KOOSTISOSAD:
- 30 suurt tomatit
- 12 sibulat
- 1 hunnik sellerit
- 8 paprikat
- 1-liitrine äädikas
- 3 supilusikatäit soola
- 4 spl segatud vürtse

JUHISED:
a) Haki kõik köögiviljad peeneks ja küpseta pool tundi.

97. Prantsuse kreemi täidis

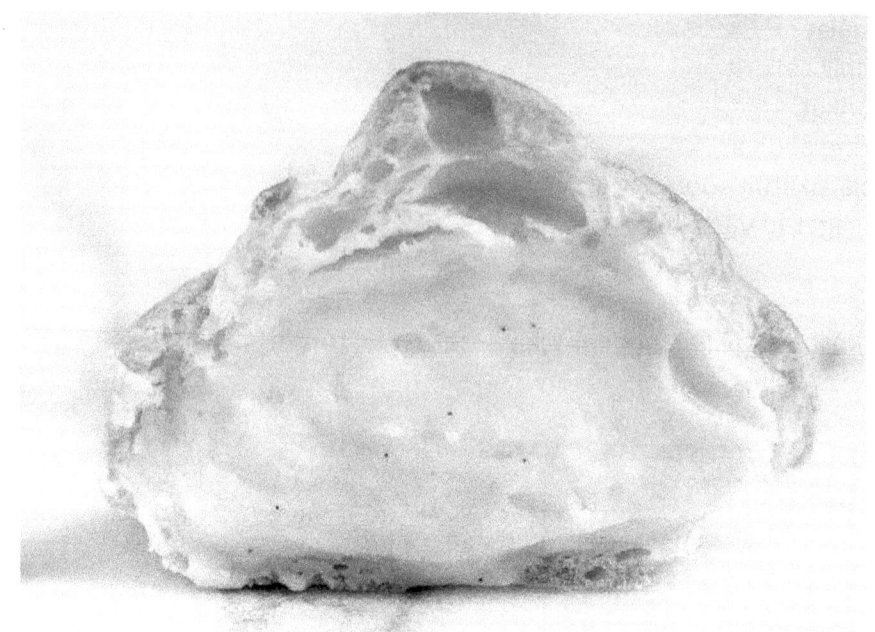

KOOSTISOSAD:
- ¾ tassi rasket vahukoort
- ¼ tassi piima
- ¼ tassi kondiitri suhkrut
- 1 munavalge, kõvaks vahustatud
- ½ tl vaniljeekstrakti

JUHISED:
a)   Sega koor piimaga ja klopi tugevaks vahuks.
b)   Sega hulka suhkur, vahustatud munavalge ja vanill.
c)   Segage õrnalt, kuni kogu suhkur on segunenud.
d)   Toru tainasse.

98. Vahukoore külmutamine

KOOSTISOSAD:
- 3 spl jahu
- ¾ tassi piima
- Kreemi hästi suures kausis:
- 6 supilusikatäit Crisco
- ¾ tassi suhkrut

JUHISED:
a) Keeda ja jahuta jahu ja piim.
b) Vahusta suures kausis hästi 6 supilusikatäit Criscot ja ¾ tassi suhkrut.
c) Lisa jahtunud jahu ja piima segu.
d) Vahusta kohevaks.

99. Jäätumine kohev või

KOOSTISOSAD:
- 5 spl jahu
- 1 tass piima
- ¼ naela võid
- ½ tassi Crisco
- 1 tl vanilli

JUHISED:
a) Segage ja keetke kuni paksenemiseni, lisage jahu ja 1 tass piima.
b) Suures kausis koor, ¼ naela võid ja ½ tassi Criscot.
c) Lisa võisegule jahupasta ja klopi korralikult läbi.
d) Lisa 1 tl vanilli.

100. Täidis

KOOSTISOSAD:

- 1 väike sibul
- 1 pulk sellerit
- oliiviõli
- ½ naela vorstiliha
- ½ tassi hakitud õunu
- 2 tassi leivapuru
- ½ tassi kuuma vett või puljongit
- Sool ja pipar

JUHISED:

a) Kuumuta ahi 350°-ni.
b) Prae oliiviõlis sibul, seller ja vorstiliha.
c) Sega sageli, kuni see hakkab pruunistuma, umbes 10 minutit.
d) Lisa kaussi riivsaiaga; sega sisse sool ja pipar.
e) Nirista kuuma vette või puljongisse ja viska õrnalt läbi. Lase jahtuda.
f) Lisa leivasegule õunad; voldi õrnalt kokku, kuni see on põhjalikult ühendatud.
g) Tõsta valmis vormi, kata fooliumiga ja küpseta umbes 40 minutit.
h) Jätkake kastme küpsetamist ilma kaaneta, kuni kiht ja pealispind on pruunid ja krõbedad, 40–45 minutit kauem.

KOKKUVÕTE

Kokkuvõtteks võib öelda, et lõunamaise toiduvalmistamise näol on tegemist rikkaliku ja mitmekesise köögiga, mis on kujunenud sajandite jooksul ning seda on mõjutanud mitmesugused kultuurilised ja ajaloolised tegurid. See on köök, mis tähistab värskete kohalike koostisosade kasutamist ning rõhutab perekonna, kogukonna ja külalislahkuse tähtsust.

Lõunamaised toidud peegeldavad piirkonna ajalugu koos roogadega, mis räägivad lugusid inimestest ja kohtadest, mis on kujundanud selle kulinaarseid traditsioone. Alates praekanast kuni grillimiseni, küpsistest ja lõpetades bataadipirukaga – lõunamaist kööki armastatakse selle lohutavate, hingelähedaste maitsete ja selle poolest, et see suudab inimesi laua taha kokku tuua.

Kuna lõunapoolne toiduvalmistamine areneb ja kohaneb muutuvate maitsete ja trendidega, jääb see Ameerika kulinaarse kultuuri oluliseks osaks, mida armastavad inimesed üle kogu riigi ja kogu maailmas.

Milton Keynes UK
Ingram Content Group UK Ltd.
UKHW021040101023
430300UK00017B/260